Dirección editorial:
Departamento de Literatura GE

Dirección de arte:
Departamento de Diseño GE

Diseño de la colección:
Manuel Estrada

El 0,7% de la venta de este libro se destina al Proyecto «Mejora de la Calidad y oferta educativa del ciclo diversificado del Instituto Tecnológico Quiché de Chichicastenango (Guatemala)», que gestiona la ONG Solidaridad, Educación, Desarrollo (SED).

1ª edición, 16ª impresión: marzo 2019

Impresión:
Edelvives Talleres Gráficos. Certificado ISO 9001
Impreso en Zaragoza, España

ISBN: 978-84-263-5019-0
Depósito legal: Z 477-2010

FICHA PARA BIBLIOTECAS

LÓPEZ NARVÁEZ, Concha (1939–)
El príncipe y el espejo / Concha López Narváez, Rafael Salmerón.
– 1ª ed., 16ª reimp. – [Zaragoza] : Edelvives, 2019
47 p. : il. col. ; 20 cm. – (Ala Delta. Serie roja ; 13)
ISBN 978-84-263-5019-0
1. Príncipes. 2. Vanidad. 3. Sueños. I. Salmerón, Rafael (1972–), il.
II. Título. III Serie.
087.5:821.134.2-3"19"

EDELVIVES

ALA DELTA

El príncipe y el espejo

Concha López Narváez
Rafael Salmerón

Para Guillermo y Nicolás,
que tienen la suerte
de crecer entre libros.
Y, una vez más,
para Felicidad Orquín,
su abuela.

Érase una vez un pequeño
príncipe que vivía
en un palacio muy grande.

En el gran palacio todas
las habitaciones eran inmensas:
el salón del trono, la biblioteca,
la cocina, el comedor…

En una de esas inmensas
habitaciones dormía
el Pequeño Príncipe,
en una cama también inmensa.

Todas las mañanas
los ministros
del Reino
iban a despertarlo,
y después
le ayudaban
a vestirse.

Porque hace ya
mucho tiempo,
a los pequeños
príncipes
no los vestía
cualquiera.

La inmensa habitación tenía
una gran ventana.
Justo enfrente de la ventana
había un enorme espejo.

Era delante de ese espejo
donde los señores ministros
vestían al Pequeño Príncipe.

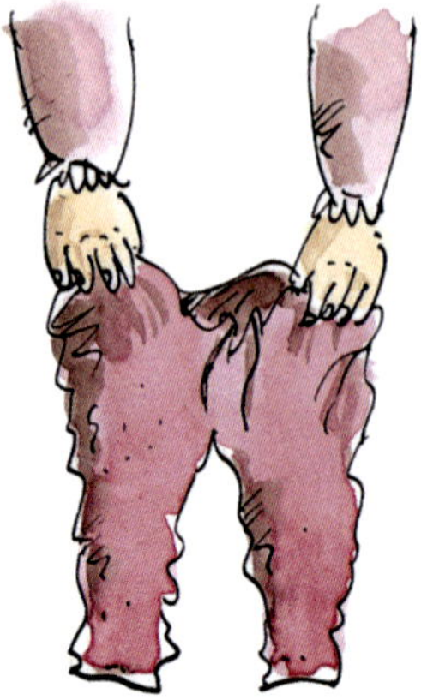

Primero le ponían
una suave camisa de seda,
unos largos calcetines,
unos pantalones de terciopelo
y una chaqueta bordada.

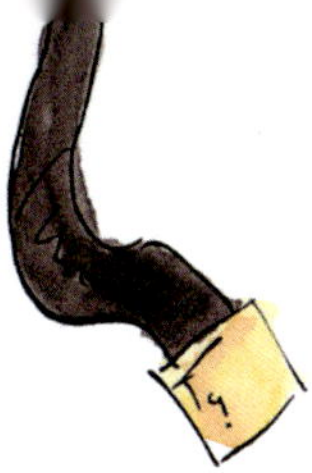

Después unas botas altas
de piel muy fina,
un ancho cinturón
con hebilla de oro
y una banda roja,
que le cruzaba el pecho.

Por supuesto, también
le ponían una preciosa capa
y una preciosa corona.

Mientras vestían al Príncipe,
los señores ministros
no cesaban de hablar.

Pero el Pequeño Príncipe
no los escuchaba.

No les prestaba
ninguna atención
porque en el enorme espejo
se reflejaba todo lo que se veía
a través de la ventana.

RSL

En el espejo el Príncipe veía
las lejanas montañas
y los lejanos bosques.

También veía el río, que parecía
una serpiente de plata,
los campos verdes,
y los rebaños de vacas
y de ovejas.

Mucho más cerca podía ver los pájaros, que se divertían jugando con el aire, y el humo que salía por las chimeneas de las casas y formaba figuras en el cielo.

Todo esto podía ver el Príncipe en el espejo mientras los señores ministros lo vestían.

Y todo le gustaba, porque todo era bonito y agradable.

Pero también podía ver algunas otras cosas que no le gustaban.

Cada mañana veía
que de una vieja casa salía
una mujer.

Era joven y rubia,
y llevaba un cubo en cada mano.

Después se abrían otras casas,
también viejas, y salían otras gentes
con cubos en las manos.

Todos iban al río a buscar agua.
Y el río estaba lejos,
por eso regresaban cansados.
El Príncipe, mirándolos, pensaba:

«Cuando yo sea mayor, ordenaré
que hagan un pozo en cada casa.
Así las gentes más pobres
de mi reino no tendrán que ir al río
a buscar agua».

También veía el Pequeño Príncipe
a un anciano que ni casa tenía,
y que dormía cada noche en la calle.

El príncipe, mirándolo, pensaba:

«Cuando yo sea mayor, mandaré construir una casa muy grande. En ella habrá por lo menos cien camas. Así nadie en mi reino tendrá que dormir en la calle.»

Y todas las mañanas el Príncipe veía, a través del espejo, a los niños que iban a la escuela.

Sus madres los llevaban cogidos de la mano.

Algunos eran pobres
y, aunque hacía mucho frío,
no tenían abrigos ni zapatos.

Por eso marchaban muy deprisa, porque, seguramente, querían llegar pronto para así calentarse.

El Príncipe, mirándolos, pensaba: «Cuando yo sea mayor, ordenaré que le den una capa de lana a cada niño. Y también unas botas, y un gorro, y unos guantes.

No quiero que en mi reino los niños pasen frío al llegar el invierno.»

Mientras el Pequeño Príncipe pensaba en estas cosas, los señores ministros no cesaban de hablar.

Y todas las mañanas sucedía lo mismo: los ministros hablaban y hablaban, y el Príncipe nunca los escuchaba.

Pero cierto día, y por casualidad,
el Pequeño Príncipe escuchó
lo que decía un ministro:
—No hay en todo el mundo
un príncipe más guapo
ni más elegante que nuestro
príncipe.

Hasta entonces el Pequeño Príncipe sólo miraba las cosas que veía en el espejo.

Pero de repente se contempló a sí mismo.
Y vio a un elegante príncipe, que llevaba una preciosa capa y una preciosa corona.

—¿De verdad soy yo el príncipe más guapo y más elegante del mundo? —preguntó asombrado.

—¡De verdad! —respondieron a coro los señores ministros.

El Pequeño Príncipe se miró al espejo y pensó:

«¡Soy el príncipe más guapo y más elegante del mundo!»

Entonces se sintió tan orgulloso que sonrió sin darse cuenta.

Y de pronto sucedió una cosa muy extraña:

La pequeña figura del Príncipe comenzó a agrandarse en el espejo.

Y ocultó las figuras de los niños que iban a la escuela.

Otro de los ministros dijo:
—No hay en todo el mundo
un príncipe más inteligente
que nuestro príncipe.
—¿De verdad soy el príncipe
más inteligente
del mundo?
—preguntó
el Pequeño Príncipe.
—¡De verdad!
—respondieron
a coro los señores
ministros.

Entonces el Príncipe
se sintió tan orgulloso
que sonrió
sin darse cuenta.

Y algo muy extraño
volvió a suceder:
Dentro del espejo
la figura
del Pequeño
Príncipe se agrandó
aún más.

Y al agrandarse,
ocultó la figura
del anciano
que dormía en la calle.

—No hay en todo el mundo un príncipe tan valiente como el nuestro —dijo otro ministro.

—¿De verdad soy el príncipe más valiente del mundo?

—¡De verdad! —respondieron a coro los señores ministros.

Entonces el Príncipe se sintió tan orgulloso
que sonrió sin darse cuenta.

Y algo muy extraño sucedió
de nuevo:
Dentro del espejo
la figura del Pequeño Príncipe
se volvió a agrandar.
Y al agrandarse ocultó
la figura de la mujer
que iba al río a buscar agua.

Los señores ministros dijeron muchas cosas más, por ejemplo:

—Cuando nuestro príncipe sea mayor, todas las princesas del mundo, querrán casarse con él.

—Cuando nuestro príncipe sea mayor, será el príncipe más rico del mundo.

—Cuando nuestro príncipe sea mayor, será el príncipe más poderoso del mundo.

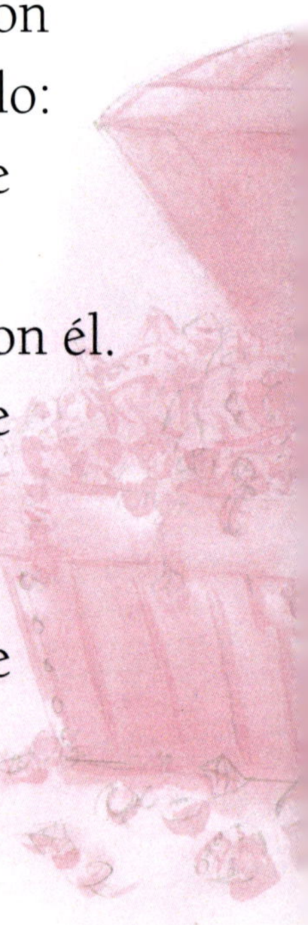

Al oír lo que decían los señores ministros, el Príncipe
se sentía cada vez más orgulloso.

En el espejo su figura crecía
y crecía. Y al crecer iba ocultando
las figuras de todo lo que se veía
a través de la ventana: los pájaros
y el humo de las chimeneas,
los rebaños de vacas
y de ovejas, los campos, el río,
y los lejanos bosques
y también las lejanas montañas.

Tanto y tanto creció que el espejo sólo acabó reflejando la enorme figura de un príncipe enorme.

Y ¿ya está?...
¿Es así como termina la historia?...

No, la historia no termina así. Porque, por suerte, el Pequeño Príncipe sólo estaba soñando.

Cuando despertó, se sentía triste y asustado.

No quería ser un príncipe
enorme y vanidoso,
ni ocupar todo el espejo
con su figura.

Prefería ser un príncipe pequeño.
Así podría seguir viendo, como antes,
muchas cosas dentro del gran espejo.

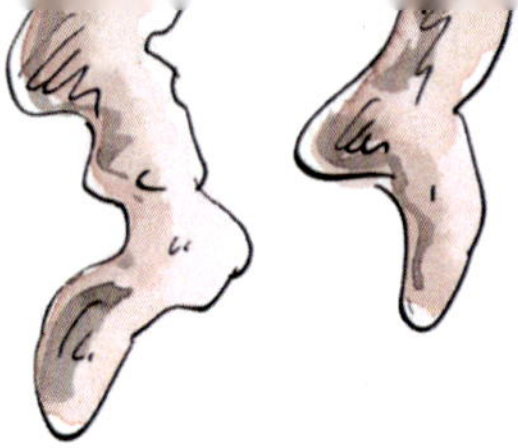

Como cada mañana,
los señores ministros
llegaron a vestirlo.

Primero le pusieron
una suave camisa de seda,
unos largos calcetines,
unos pantalones de terciopelo
y una chaqueta bordada.

Después le pusieron
unas botas altas de piel muy fina,
un ancho cinturón con hebilla
de oro, y una banda roja,
que le cruzaba el pecho.

Por supuesto le pusieron
una preciosa capa
y una preciosa corona.

Mientras vestían al Príncipe,
los señores ministros
no cesaban de hablar.

Pero el Pequeño Príncipe
no les prestaba atención.

El Príncipe contemplaba
en el espejo lo que,
en aquel preciso momento,
ocurría en su reino.

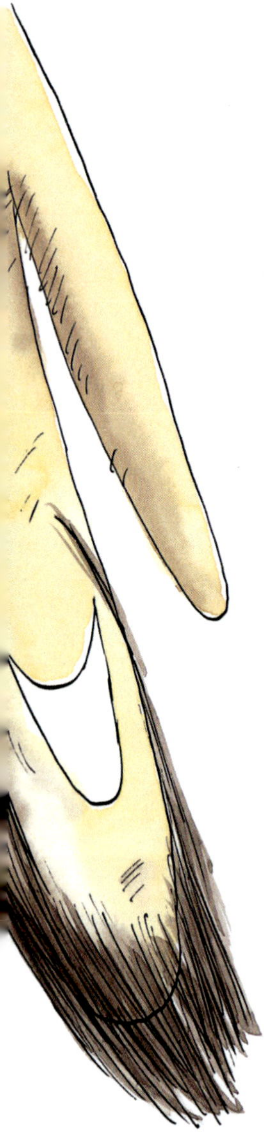

De repente, y por casualidad,
escuchó lo que decía uno
de los ministros:
—No hay en todo el mundo
un príncipe más guapo
ni más elegante
que nuestro príncipe.
Pero esta vez el Príncipe
no se sintió orgulloso.
Ni tampoco preguntó:
«¿De verdad soy el príncipe
más guapo y más elegante
del mundo?»

Lo que el Pequeño Príncipe hizo esta vez fue mirar a los ministros con ojos muy serios.

Y después les dijo también con palabras serias:

—Señores ministros: muchas gracias por vestirme. Pero desde ahora ya no os necesito. A partir de hoy me vestiré solo.